AF451910

Georges LACHAPELLE

LA
MONNAIE DE PAPIER
ET LE CHANGE

L'ÉTALON D'OR ET L'ÉTALON DE PAPIER

LA HAUSSE DES PRIX

LE COMMERCE EXTÉRIEUR

LE MARCHÉ DES VALEURS MOBILIÈRES

LES RECETTES BUDGÉTAIRES

Prix : 2 fr. 50

EN VENTE CHEZ TOUS LES LIBRAIRES
et chez
Georges ROUSTAN, Éditeur
5, Quai Voltaire, PARIS-VII

1924

AVANT-PROPOS

Le problème du change et de la circulation fiduciaire a pris, depuis bientôt dix ans, une ampleur qu'on n'aurait pu prévoir. Il domine tous les autres : les Finances de l'Etat, le crédit public et le crédit privé, le développement économique du pays, le progrès social et le bien-être de tous les citoyens. Par cela même, il se lie étroitement à l'avenir de la civilisation elle-même.

Dans nos précédents ouvrages financiers, nous n'avions fait qu'aborder le sujet que nous essayons aujourd'hui d'exposer aussi clairement que possible. Les pages qu'on va lire serviront de préface à la nouvelle étude que nous publierons très prochainement sur notre situation financière. Elles ont pour objet de renseigner exactement l'opinion publique profondément troublée par le déséquilibre économique, financier et monétaire dont elle n'aperçoit pas toujours les causes. Ceux qui en souffrent sont trop souvent portés à écouter les charlatans qui les leurrent de fausses espérances. Nous aimons mieux, quant à nous, ne point leur cacher la vérité et leur indiquer les remèdes, parfois désagréables, mais dictés par l'expérience, qui peuvent seuls les guérir.

GEORGES LACHAPELLE,

9, rue Huysmans, Paris-VIe.

Février 1924.

CHAPITRE PREMIER

Les phénomènes monétaires et le change.

*La double fonction de la monnaie. — L'étalon d'or et l'étalon
de papier. — Le mécanisme du change sous le régime de
l'étalon d'or. — Exportations visibles et invisibles. — Les
conséquences du cours forcé. — La qualité de la monnaie
diminue au fur et à mesure que sa quantité augmente. —
Comment apprécier la valeur d'une monnaie de papier. —
Le jeu du taux de l'escompte. — Le fléau de l'inflation
fiduciaire. — La théorie du change sous le régime de
l'étalon de papier.*

Les divers régimes monétaires du monde ont subi,
depuis le mois d'août 1914, une complète transformation,
ou, pour mieux dire, une véritable révolution dont les
effets continuent à se faire sentir : l'instabilité des prix
et du change, le désarroi des finances publiques et de la
production, le bouleversement des relations commerciales extérieures. On pourrait ajouter que, dans certains
pays, la crise monétaire a causé plus de ruines encore
que la guerre elle-même.

On ne saurait donc trop insister sur les conséquences
de cette révolution et, pour les bien comprendre, il faut
tout d'abord se rappeler que la monnaie remplit un
double rôle :

1º Elle est l'intermédiaire normal des échanges, elle
permet de se libérer de ses dettes, de se procurer les marchandises et les services dont a on besoin. Pour acheter des
vivres, une terre, une maison ou des valeurs mobilières,
on doit remettre au vendeur une somme déterminée de
monnaie.

2º L'unité monétaire sert en même temps de commune
mesure des prix ; elle fixe la valeur de telle ou telle marchandise, de tel ou tel service par rapport à la monnaie.

Cette seconde fonction offre un intérêt capital et qu'il
ne faut jamais perdre de vue. La principale qualité d'une

monnaie consiste dans la fixité tout au moins relative de sa valeur d'échange et susceptible d'assurer une stabilité des prix aussi grande que possible. A cet effet, la plupart des Etats civilisés avaient adopté, avant la guerre, une mesure commune des prix qui était l'étalon d'or. La valeur d'une marchandise était-elle fixée en livres sterlings ou en dollars ? Il était alors aisé de la convertir en francs : il suffisait de comparer le poids de l'or fin contenu dans une pièce de monnaie anglaise ou américaine avec le poids de l'or fin contenu dans une monnaie française. C'est ainsi qu'une livre sterling valait 25 fr. 22, parce qu'elle contenait une quantité d'or fin équivalente à cette même somme en monnaie d'or française et que, pour la même raison, le dollar valait 5 fr. 18. La monnaie d'or devenait ainsi un mode de paiement international universellement accepté.

Les billets émis par les banques centrales étant, d'autre part, convertibles en or, il en résultait qu'ils avaient la même valeur que l'or. Le problème du change se posait donc très simplement entre les divers pays possédant un étalon d'or. Lorsqu'un Français avait un paiement à faire aux Etats-Unis, il se procurait des dollars à un cours se rapprochant du pair de 5 fr. 18 ; si on lui en offrait à un cours dépassant le pair plus les frais de transport de l'or de Paris à New York, il pouvait expédier de l'or pour se libérer de sa dette. Mais, en fait, ces expéditions d'or étaient assez rares. Les règlements du commerce international s'opéraient par voie d'échange de traites tirées sur les débiteurs, ce qui était infiniment plus commode et moins coûteux.

La valeur d'une traite tirée par un Français sur un Américain et exprimée en francs équivalait, à une légère différence près, à une somme déterminée de dollars : elle pouvait donc s'échanger contre une traite tirée par un Américain sur un Français et exprimée en dollars. Cette compensation des dettes et des créances s'opérait ainsi chaque jour d'une manière analogue à l'échange des chèques que font les banquiers pour éviter des paiements

compliqués en numéraire : celui qui possède des chèques
tirés sur ses confrères pour une somme supérieure à celle
des chèques tirés sur lui-même est crédité de la différence
par l'entremise de la Chambre de Compensation et son
compte se trouve réglé par un simple jeu d'écritures.

Les moyens de change qu'un pays pouvait se procurer
par l'exportation de ses produits s'accroissaient d'ailleurs
dans des proportions plus ou moins grandes par ce qu'on
appelle les exportations invisibles, par exemple : les coupons des valeurs mobilières étrangères qu'il possédait ;
les dépenses faites par les étrangers qui séjournaient chez
lui et y faisaient des achats ; les transports terrestres et
maritimes des marchandises étrangères, etc.

Lorsqu'un pays ne pouvait pas compenser ses dettes
extérieures par ses propres créances, il avait recours à
divers moyens de change : des exportations de valeurs
mobilières ; des crédits à court terme dans les banques
étrangères ; des emprunts à terme plus long contractés
dans les pays les plus riches et les mieux disposés à y
souscrire. Si, toutefois, la balance de ses règlements extérieurs restait déficitaire, ce qui n'était point le cas de la
France, il devait alors modérer ses importations ou exporter son or, ce qui risquait de diminuer trop fortement les
réserves métalliques de sa banque d'émission. Mais cette
encaisse pouvait être défendue par un relèvement du
taux de l'escompte qui avait pour double effet de contenir
la circulation des billets et, par suite, d'accroître la valeur
de l'unité monétaire ; en second lieu, le change s'amélio-
rait d'autant plus aisément que les capitaux étrangers,
toujours à la recherche de placements plus rémunéra-
teurs, se portaient de préférence vers les pays dont le
taux d'escompte était le plus élevé.

L'étalon de papier.

Cet ingénieux mécanisme des paiements extérieurs favorisait largement les échanges internationaux des produits
indispensables et, par cela même, il permettait d'accroître

le bien-être général. Il s'est malheureusement brisé à l'ouverture des hostilités. Le cours forcé des billets de Banque et des billets d'Etat a été partout substitué à la libre conversion de la monnaie de papier en espèces métalliques. L'étalon de papier a remplacé partout l'étalon d'or qui assurait une si grande stabilité à la commune mesure des prix. Même aux Etats-Unis, l'étalon d'or n'était maintenu qu'en principe ; l'échange des billets contre l'or était soumis à des restrictions qui n'ont été supprimées qu'après la guerre.

Sans doute la monnaie de papier pouvait continuer à jouer son rôle d'intermédiaire des échanges ; elle restait d'ailleurs le seul moyen légal de s'acquitter de ses dettes et de faire des achats. Mais, émise dans chaque pays en quantités très différentes, sans aucune restriction et sans aucun rapport avec l'actif des instituts d'émission, dont l'encaisse-or et le portefeuille constituaient le gage essentiel du billet de banque, comment aurait-elle pu remplir désormais sa fonction de commune mesure des prix ? A partir du jour où elle n'était plus garantie, pour la plus large part, que par la signature de l'Etat qui avait emprunté des billets à la banque centrale pour une durée indéterminée, cette monnaie de papier, ayant nécessairement cours forcé, perdait sa principale qualité : elle n'était plus convertible en or et ne pouvait plus conserver la même valeur que l'or.

Au fur et à mesure que s'accroissait la circulation des billets, n'était-il pas évident que sa qualité, c'est-à-dire son pouvoir d'achat, devait fatalement diminuer ? On a discuté bien souvent et bien inutilement la question de savoir si l'accroissement de la circulation fiduciaire était provoqué par la hausse des prix ou si la hausse des prix ne résultait point de l'accroissement de la circulation. Le bon sens et l'expérience des faits suffisent pour y répondre. La hausse des prix des marchandises ne peut évidemment se produire que si les acheteurs ont à leur disposition une plus grande quantité de moyens de paiement.

Que s'est-il passé, en France, de même que dans d'autres pays belligérants, au début des hostilités de 1914 ? L'Etat a emprunté à la Banque de France les billets dont il avait besoin pour acheter des vivres et des munitions, pour payer la solde et l'habillement de ses armées. En se procurant un pouvoir d'achat nouveau, il augmentait la circulation et raréfiait en même temps, par ses achats, les produits disponibles : il faisait, de la sorte et fatalement, monter les prix.

La hausse aurait pu s'arrêter si l'Etat n'avait pas contracté de nouveaux emprunts à la circulation et s'il avait réussi à imposer aux citoyens l'obligation de se restreindre. Mais il ne l'a point fait et il ne pouvait pas le faire à ce moment-là. Ce qui a empêché les prix de hausser dans des proportions inquiétantes, c'est, d'une part, l'approvisionnement qui nous a été fourni par certains pays en échange de crédits, c'est-à-dire d'emprunts extérieurs ; de l'autre, les privations que beaucoup de gens ont dû, bon gré mal gré, subir. L'épargne a mieux aimé, d'ailleurs, souscrire aux émissions du Trésor que gaspiller ses ressources ; elle a mieux aimé se priver que dépenser Ce faisant, elle a limité la circulation fiduciaire, augmenté par suite le crédit du billet de banque et évité des hausses de prix trop accentuées.

Comment apprécier la valeur d'une monnaie de papier ?

La valeur d'une monnaie de papier inconvertible en espèces ne peut guère s'apprécier que par l'indice du niveau général des prix du reste assez difficile à calculer exactement (1). Lorsque le niveau des prix s'élève, cela

---

(1) En dépit de ses imperfections, l'indice du niveau général des prix n'en constitue pas moins l'élément essentiel d'appréciation de la hausse ou de la baisse des prix et, par conséquent, de la hausse ou de la baisse de la valeur de l'unité monétaire. Sans être d'une exactitude rigoureuse, il permet toutefois de se rendre compte, approximativement, des changements qui se produisent au cours d'une période déterminée. Mais, pour rendre de véritables services à l'économie mondiale, ces indices devraient être dressés dans tous les pays par les mêmes méthodes de calcul et publiés, partout, quelques jours après la fin de chaque mois. Une entente internationale serait sans doute indispensable pour réaliser cet utile progrès.

veut dire que le pouvoir d'achat de la monnaie légale diminue dans les mêmes proportions. Hausse des prix et dépréciation de la monnaie, c'est la même chose. Le pouvoir d'achat diminuera d'autant plus vite, il est vrai, que les offres de marchandises seront plus rares. Si la circulation de la monnaie de papier augmente de 50 %, alors que la production s'accroît dans la même mesure, les prix ne varient pas ; mais, si au contraire, la circulation ne cesse de s'accroître, pendant que la production diminue, il est inévitable que s'élève le niveau général des prix.

Le public a eu beaucoup de peine à comprendre que la hausse des prix est un phénomène d'ordre monétaire en même temps que d'ordre économique ; qu'elle correspond, par suite, à une dépréciation de la monnaie légale. Il s'était habitué à confondre les deux fonctions distinctes de la monnaie que nous avons rappelées plus haut. Il a attribué, le plus souvent, la hausse des prix à d'autres causes que l'accroissement des moyens de paiement, notamment à une moindre abondance des produits, à la baisse du change, à l'âpreté des profiteurs. Mais cette hausse des prix résultait, en premier lieu, de l'inflation fiduciaire qui provoquait à son tour la baisse de la devise nationale et favorisait les spéculations des mercantis. S'imaginer qu'une unité monétaire a toujours la même valeur, qu'un franc est toujours un franc, est une erreur assez répandue, ce qui n'empêche pas d'ailleurs ceux qui ont conservé des monnaies d'or et même d'argent de ne point s'en dessaisir pour effectuer leurs paiements ; ils préfèrent se libérer avec de la monnaie de papier ou de simples jetons de métal de peu de valeur intrinsèque.

Il est sans doute intéressant de comparer les prix et les cours du change d'avant-guerre avec les prix et les cours du change d'aujourd'hui ; mais il faut surtout se rendre compte que la valeur de l'unité monétaire a baissé, parce qu'elle n'a plus la même qualité et que sa quantité est beaucoup plus grande. On ne peut l'apprécier, encore une fois, que par le degré de hausse du niveau des prix. Si les prix ont triplé, cela veut dire que la monnaie ne possède plus qu'un pouvoir d'achat trois fois moindre. Payer 300 francs ce qui valait 100 francs avant la guerre, c'est payer un prix normal pour les marchandises dont la production n'a pas augmenté.

Il est vrai que les prix de certaines marchandises ont augmenté dans des proportions très diverses ; que les prix du commerce de détail diminuent plus lentement que les prix de gros, et que les prix des produits agricoles, par exemple, ont subi une hausse plus forte que beaucoup d'autres. Si on veut les faire baisser, il ne faut pas accroître la circulation fiduciaire par des avances à l'Etat ; il faut augmenter la production — ou se restreindre —, diminuer le nombre des intermédiaires entre le producteur et le consommateur, interdire au besoin l'exportation de certains produits, contraindre l'Etat à réaliser des économies, etc.

Quoiqu'il en soit, la théorie quantitative de la monnaie, exposée et complétée comme nous venons de le faire, s'applique à tous les systèmes monétaires et à tous les modes de paiement en usage. Les prix montent lorsque, d'une part, la production n'augmente pas, et, d'autre part, lorsque les moyens de paiement s'accroissent, soit qu'il s'agisse de billets de banque ou de dépôts qui permettent de tirer sur les banques des chèques pour des sommes plus importantes. Sous le régime de l'étalon d'or, le niveau des prix s'élève, lorsque les crédits sont plus largement ouverts par les banques à la production et lorsque la banque d'émission escompte avec plus de libéralité les effets de commerce. Il est vrai que si ces crédits et ces escomptes ont été trop aisément consentis, il pourra en résulter une surproduction entraînant une liquidation plus ou moins accentuée des stocks et, par suite, une période de baisse du niveau des prix plus ou moins prolongée.

En temps normal, et sous le régime de l'étalon d'or, les banques d'émission peuvent assurer une certaine stabilité du niveau des prix par le jeu du taux de l'escompte et éviter, ou tout au moins atténuer, les crises économiques, à la condition, cela va de soi, que l'Etat n'intervienne pas

dans leur gestion et ne leur réclame pas des avances.
L'accroissement de la circulation est d'ailleurs limité par
des règles impératives et par la nécessité de ne pas compromettre les réserves d'or, sous peine de ne plus pouvoir
rembourser les billets en espèces. Les banques d'émission peuvent, en effet, sous leur propre responsabilité,
régulariser la circulation fiduciaire selon les besoins de
l'activité économique, augmenter le taux de l'escompte
lorsqu'il paraît nécessaire de donner un avertissement
au commerce et l'abaisser au contraire lorsqu'il est utile
d'aider l'industrie et l'agriculture à developper leur production. Dans ce dernier cas, l'acroissement de la production compense l'augmentation de la circulation et la
hausse des prix ne se produit pas. Par une politique
d'escompte appropriée aux circonstances, les banques
d'émission exerceront donc une action régulatrice et bienfaisante sur le niveau général des prix ; elles réussiront
à le stabiliser dans la plus large mesure possible et à
favoriser ainsi l'essor économique du pays.

Conséquences des emprunts de l'État
à la banque d'émission.

La situation s'est complètement modifiée à partir du
jour où l'Etat a détourné de son rôle la banque d'émission, en lui empruntant des billets qui n'ont plus servi
à aider la production, mais à payer des dépenses impro-
ductives. L'élévation du taux de l'escompte ne suffisait
plus alors à diminuer la circulation, puisque l'Etat empruntait sans cesse de nouveaux billets à la Banque qui
devenait impuissante à exercer son influence régulatrice
sur le mouvement des prix. La circulation n'était plus
limitée par les besoins de la production, mais par ceux du
Trésor ; il en résultait une inflation fiduciaire qui diminuait le pouvoir d'achat du billet, favorisait les débiteurs
au détriment des créanciers, portait le trouble dans toutes
les transactions et réduisait aux privations, sinon à la
misère, les citoyens dont les revenus ne pouvaient aug-

menter dans la même mesure que la hausse des prix.

Pour éviter des souffrances aux plus nécessiteux, l'Etat a été conduit, soit à leur accorder des secours, soit à leur vendre à bas prix les denrées et les marchandises de première nécessité, soit encore à interdire une hausse des loyers. Mais la plupart de ces mesures ont été inefficaces et même dangereuses en ce sens qu'elles ont été à l'encontre du dessein poursuivi. Multiplier les allocations, c'est augmenter encore la circulation et provoquer une nouvelle hausse des prix. Il en est de même de la vente des denrées à prix réduit, puisque l'Etat augmente le déficit de son budget, réclame de nouvelles avances à la Banque et fait encore monter le niveau des prix des marchandises qu'il ne vend pas lui-même à perte. Enfin, en limitant le prix des loyers, il arrête la construction des maisons et ne résoud nullement la crise qu'il a tenté d'atténuer.

Le fléau de l'inflation.

Les conséquences de l'inflation fiduciaire provoquée par les avances de la Banque à l'Etat sont aujourd'hui bien connues. Elles se sont traduites, dans l'Europe Centrale et Orientale, par des misères inouies, par la famine qui a fait peut-être périr plus d'êtres humains que la guerre elle-même. Lorsqu'une monnaie est avilie au point de ne plus pouvoir servir d'intermédiaire des échanges, la production s'arrête ; le cultivateur cesse de fournir aux villes les aliments qui les font vivre, parce qu'il ne reçoit plus, en échange, qu'une monnaie dont il ne peut plus se servir pour ses propres besoins. L'inflation fiduciaire est donc, comme on l'a si souvent proclamé, un fléau pire que la peste. Elle suscite non seulement des troubles profonds dans l'économie nationale, mais des désordres sociaux et des révolutions. Tout gouvernement qui s'y laisse entraîner, qui aime mieux recourir à la planche à billets qu'aux économies et qu'aux impôts pour équilibrer son budget, marche fatalement à une catastrophe. Il n'aura même plus la ressource de contracter des emprunts : comment l'épargne pourrait-elle consentir à souscrire à ses émissions, lorsqu'elle sait d'avance qu'elle ne touchera plus les intérêts qui lui sont promis qu'en monnaie de papier d'une valeur de plus en plus réduite ? Elle se gardera bien de laisser son argent en dépôt ou de le confier à l'Etat pour une durée temporaire : lorsqu'elle voudrait le retirer ou se le faire rembourser, elle ne retrouverait plus qu'une monnaie dont la valeur aurait plus ou moins diminué depuis l'époque où elle l'avait prêtée.

La théorie du change.

La valeur d'une monnaie de papier étant très différente dans les divers pays qui l'émettent et étant susceptible de varier, non seulement d'après la quantité mise en circulation, mais selon la puissance de production de chaque pays, il en résulte que les cours du change de ces diverses monnaies ne pourront plus avoir, comme sous le régime de l'étalon d'or, aucune fixité. Ils subiront les soubresauts les plus désordonnés et la hausse la plus inimaginable, si le gouvernement n'a pas le courage de stabiliser la circulation monétaire, en équilibrant ses budgets et en cessant de faire des appels à la banque d'émission.

Théoriquement, la valeur d'une monnaie de papier devrait s'apprécier par son pouvoir d'achat dans le pays qui l'émet. Si, par exemple, avec un billet de banque de mille francs ou avec un crédit en banque de pareille somme, on peut acheter en France une marchandise qui vaudra cent dollars aux Etats-Unis, on en tirera cette conclusion logique que mille francs valent cent dollars et qu'un dollar vaut par conséquent dix francs. Si, en France, le prix de cette marchandise s'élève à 1.500 francs, alors qu'il est toujours de cent dollars aux Etats-Unis, on en concluera cette fois que le dollar vaut 15 francs, au lieu de 10.

Mais d'autres facteurs exercent une influence plus rapide et plus importante encore sur le cours du change. Le vendeur d'une monnaie anglaise ou américaine, dont l'acheteur français a besoin pour acquitter sa dette en Amérique ou en Angleterre, voudra tout naturellement ne s'exposer à aucun risque et cherchera même à réaliser le bénéfice le plus élevé possible sur son opération de change. S'il craint que la monnaie française se déprécie dans un certain délai, par suite d'une nouvelle inflation, il voudra vendre naturellement sa devise à un taux qui dépassera plus ou moins sensiblement le pouvoir d'achat de la monnaie qu'on lui remettra en échange. Par contre, s'il prévoit que la valeur du franc est susceptible d'augmenter, parce que la situation économique et financière de la France s'améliore et que sa circulation monétaire n'est pas susceptible de s'accroître, il n'hésitera pas à spéculer à la hausse du franc, c'est-à-dire à vendre ses dollars ou ses livres à des cours plus bas que ceux que semblait indiquer la parité du pouvoir d'achat des deux monnaies échangées. Enfin l'élément psychologique jouera parfois un rôle prépondérant dans la vente d'une monnaie étrangère qui est toujours et nécessairement une spéculation, ou, ce qui est la même chose, une prévision anticipée de la valeur de telle ou telle monnaie.

C'est ainsi, par exemple, que les vendeurs anglais de livres sterlings ont cru, bien à tort du reste, après l'occupation de la Ruhr, que des complications extérieures étaient inévitables, que nous en serions victimes et qu'il en résulterait pour nous des charges nouvelles que nous ne pourrions pas supporter sans recourir à l'inflation fiduciaire. Ils ont donc joué à la baisse du franc et vendu leurs livres de plus en plus cher. Les étrangers qui avaient des francs en dépôt dans les banques parisiennes ont pu craindre à leur tour une dépréciation nouvelle de notre monnaie et ont rapatrié leurs capitaux ; ils ont vendu leurs francs pour acheter des livres ou des dollars, ce qui accentuait encore la baisse du franc. Il est difficile de connaître, même approximativement, le montant des dépôts étrangers à Paris ou des valeurs du Trésor à court terme qu'ils détiennent ; mais si l'on réfléchit que, pendant les deux années 1919 et 1920, le déficit de notre balance commerciale a été énorme — il s'est élevé à 24 milliards en 1919 et 23 milliards en 1920 — et que nous avons dû, par suite, acheter une quantité considérable de monnaies étrangères pour payer nos importations, on peut se rendre compte que les Anglais et les Américains nous avaient largement approvisionné de livres et de dollars en échange de francs laissés en dépôt à Paris. Lorsque, par la suite, ils ont voulu rapatrier les capitaux qu'ils nous avaient prêtés, ils ont dû s'adresser à une autre catégorie de spéculateurs qui ne consentaient plus alors à acheter des francs qu'à des prix de plus en plus bas.

Sous cette double influence spéculative et, en grande partie, d'ordre psychologique, la baisse du franc s'est accentuée en 1923 plus encore qu'en 1922 et sa valeur a fini par être largement sousestimée à l'extérieur. Le franc avait un pouvoir d'achat plus grand à l'intérieur qu'au dehors. Il en résultait que les étrangers, échangeant leur monnaie contre la nôtre, pouvaient payer les mêmes marchandises moins cher chez nous que chez eux ; ils avaient donc intérêt à acheter nos produits.

Reprenant notre exemple précédent, supposons qu'une même marchandise coûte 1.500 francs à Paris et 100 dollars à New York, et que le cours du dollar soit de 18 francs au lieu de 15, comme il devrait l'être normalement. Il s'en suivra une exportation plus forte de cette marchandise puisque, avec 80 dollars environ, qui valent 1.500 francs, un Américain pourra acheter en France une marchandise qui lui coûterait 100 dollars aux États-Unis.

Si, toutefois, la stabilité du niveau des prix pouvait être assurée en France, cette situation anormale ne se prolongerait pas indéfiniment. Pour acheter nos marchandises, l'étranger devrait se procurer des francs en quantités de plus en plus grandes et, par suite, il en ferait monter les cours jusqu'au moment où l'équilibre, résultant de la parité du pouvoir d'achat des deux monnaies, serait rétabli. Les dépôts étrangers dans les banques diminueraient, puisqu'ils serviraient à acheter des marchandises françaises et qu'ils passeraient entre les mains de nos nationaux. Mais, comme l'exportation des produits français a pour effet de diminuer les offres de marchandises sur notre marché intérieur, le niveau des prix s'élèvera. Et cette hausse du niveau intérieur des prix provoquera une baisse de notre devise. D'autre part, nous ne pouvons exporter qu'en commençant par importer les produits nécessaires à notre industrie, le charbon, la laine, le coton, etc., sans compter les denrées exotiques, les céréales qui nous font défaut lorsque nos récoltes sont déficitaires et bien d'autres. Nous payons donc plus cher nos importations, ce qui fait encore hausser notre niveau des prix.

Les fluctuations de notre monnaie seront donc inévitables jusqu'au jour où la stabilité du niveau des prix sera assurée, d'un côté, par la stabilité de notre circulation fiduciaire et, de l'autre, par un accroissement de production qui aura pour effet d'augmenter les offres sur le marché intérieur et de compenser le déficit créé par nos exportations.

Il nous reste à appuyer par des faits et par des chiffres les théories que nous venons d'exposer. Nous examinerons successivement les effets de la circulation monétaire et du change : 1° sur la hausse des prix ; 2° sur le commerce extérieur ; 3° sur le marché des valeurs mobilières ; 4° sur les Finances publiques.

CHAPITRE II

L'influence de la circulation fiduciaire et du change sur l'économie nationale.

La hausse des prix. — Le commerce extérieur et le change. — Le marché des valeurs mobilières. — Les recettes budgétaires.

L'accroissement des moyens de paiement — billets de banque, dépôts, etc., — entraîne fatalement, comme nous l'avons expliqué plus haut, une hausse du niveau général des prix, sanf dans le cas où il se trouve compensé par un accroissement de production qui a pour effet d'augmenter les offres de marchandises. Pour le démontrer, en ce qui touche la France, il suffit de dresser le tableau de la moyenne trimestrielle de la circulation de la Banque de France et de mettre en regard la moyenne trimestrielle des indices des prix établis par les services de la *Statistique Générale de la France*. Nous avons pris pour base le nombre 100 choisi comme indice du dernier trimestre de 1914. Voici notre tableau :

Dates	Moyenne trimestrielle de la circulation fiduciaire (En millions de francs)	Indice de la circulation %	Indice d'ensemble des prix %
4ᵉ trimestre 1914	9.661,2	100	100
1ᵉʳ — 1915	10.751,0	111,2	115,6
2ᵉ — —	11.755,1	121,6	126,7
3ᵉ — —	12.844,6	132,9	132,8
4ᵉ — —	13.907,9	143,9	148,3
1ᵉʳ — 1916	14.170,2	146,6	170,6
2ᵉ — —	15.439,1	159,8	181,1
3ᵉ — —	16.333,6	169,0	176,7
4ᵉ — —	16.421,6	169,9	190,7
1ᵉʳ — 1917	17.700,3	183,2	215,2
2ᵉ — —	19.329,0	200,0	247,3
3ᵉ — —	20.489,2	212,0	262,6
4ᵉ — —	22.212,4	229,8	283,0
1ᵉʳ — 1918	23.930,5	247,6	308,8
2ᵉ — —	27.128,3	280,7	320,3
3ᵉ — —	29.394,5	304,2	334,8
4ᵉ — —	30.064,3	311,2	343,6

Arrêtons-nous d'abord sur cette première période qui est la période de guerre. On remarquera sur notre tableau un rapport assez étroit entre l'indice de la circulation fiduciaire et celui du niveau général des prix de gros. Cet indice a haussé, il est vrai, plus vite que celui de la circulation, ce qui s'explique par une diminution certaine de la production et, par suite, des offres de marchandises. Il est vrai que la diminution de la production nationale, provoquée par la mobilisation, a été compensée par un large accroissement des produits importés. Voici, en effet, le tableau de notre commerce extérieur pendant les années 1915 à 1918 :

Années	Importations	Exportations	Déficit
	En millions de francs		
1915	11.035,7	3.937,3	7.098,4
1916	20.640,4	6.214,5	14.425,9
1917	27.554,0	6.012,6	21.541,4
1918	22.306,3	4.722,7	17.583,6
Totaux......	81.536,4	20.887,1	60.649,3

Mais, au cours de ces années de guerre, nous avons payé les produits importés, en majeure partie, au moyen des crédits qui nous étaient consentis par nos Alliés et par certains pays neutres. Les dépenses faites sur notre territoire par les armées alliées nous ont fourni, d'autre part, des moyens de change très importants. Nous n'avons donc acheté qu'une quantité de monnaies étrangères bien moindre que celle qui nous aurait été nécessaire pour payer nos achats au dehors, si nous n'avions pas obtenu ces crédits et contracté des emprunts extérieurs qui nous procuraient du change.

Que fût-il arrivé dans le cas contraire ? Nous aurions dû acheter du change avec nos propres moyens ; nous aurions dû procéder à des émissions nouvelles et sans cesse croissantes de monnaie de papier dont la valeur aurait diminué au fur et à mesure que sa qualité — c'est-à-dire son pouvoir d'achat — se serait affaiblie par l'accroissement de la circulation. Il eût donc fallu imprimer

une quantité de billets de banque de plus en plus grande jusqu'au jour où, s'étant progressivement dépréciés, ils n'auraient plus eu qu'une valeur minime et n'auraient plus été acceptés en paiement des monnaies étrangères.

C'est précisément ce qui devait se produire plus tard en Allemagne où le mark s'est effondré avec une rapidité d'autant plus forte que les émissions de monnaie de papier étaient plus abondantes.

En nous procurant des crédits extérieurs partout où il nous était possible d'en trouver, nous avons donc réussi à acheter au dehors les produits nécessaires pour pouvoir nous alimenter et continuer la guerre, sans dinimuer trop sensiblement la valeur de notre monnaie. Par ce procédé exceptionnel, nous pouvions contenir la circulation fiduciaire et la hausse des prix. Par contre, dans les pays qui nous fournissaient leurs produits, le pouvoir d'achat de leurs monnaies diminuait et le niveau général des prix s'élevait dans la même proportion.

L'indice général des prix s'est donc trouvé faussé au cours de cette période de guerre par les phénomènes que nous venons de rappeler. Mais il n'en est pas moins intéressant de constater que la courbe du niveau des prix s'est toujours rapprochée de la courbe de la circulation.

Après la guerre.

Au cours de la période qui a suivi l'armistice, pendant les années 1920, 21, 22 et 23, des phénomènes de même nature vont se produire. Voici le tableau qui les fait apparaître :

Dates	Moyenne trimestrielle de la circulation fiduciaire (En millions de francs)	Indice de la circulation %	Indice d'ensemble des prix %
1er trimestre 1919	32.396,2	335,3	329,0
2e — —	34.167,2	353,7	317,0
3e — —	35.234,3	364,7	339,0
4e — —	37.175,0	384,8	389,3
1er — 1920	37.942,9	392,4	501,9
2e — —	37.796,9	390,9	523,5

3e	trimestre	1920	38.202,1	394,7	488,7
4e	—	—	38.853,6	401,6	448,3
1er	—	1921	38.211,4	394,9	367,3
2e	—	—	38.308,8	395,9	321,6
3e	—	—	37.179,7	384,2	322,9
4e	—	—	36.979,7	382,2	317,6
1er	—	1922	36.402,0	376,2	297,9
2e	—	—	35.993,8	372,0	306,8
3e	—	—	36.473,3	377,0	316,4
4e	—	—	36.600,6	378,3	337,6
1er	—	1923	37.263,8	385,2	395,8
2e	—	—	36.863,3	381,0	394,9
3e	—	—	37.447,1	387,0	399,2
4e	—	—	37.816,0	391,3	446,6

Ici encore la courbe des prix suit d'assez près la courbe de la circulation, avec cette différence que, pendant les trois premiers trimestres de 1919, la courbe des prix s'abaisse au-dessous de la courbe de la circulation. Ce phénomène s'explique par les cours du change qui nous sont très favorables et qui nous permettent d'importer à des prix avantageux les produits qui nous font défaut. Des crédits extérieurs continuent à nous être accordés. Notre victoire a favorisé largement la confiance de l'étranger qui nous a vendu ses monnaies dans les meilleures conditions, en spéculant à la hausse du franc. Mais la hausse des prix n'en a pas moins continué à se faire sentir et elle a atteint son maximum au cours du second trimestre de 1920, comme, d'ailleurs, dans la plupart des pays. L'inflation fiduciaire, provoquée par les avances croissantes de la Banque à l'Etat en 1919, avait évidemment favorisé ce mouvement de hausse.

Puis une crise de surproduction et de crédit éclate. Il s'ensuit une liquidation des stocks qui fait aussitôt baisser le niveau général des prix, bien que la circulation continue à s'enfler, par suite de nouvelles avances à l'Etat. Cette circulation, qui s'élevait à 30.249 millions le 26 décembre 1918, a atteint son maximum de 39.648 millions le 4 novembre 1920 ; les avances à l'Etat ont monté, pendant la même période, de 17.500 millions à 26.600. Il est d'ailleurs normal que cette circulation ne diminue pas aussi vite que le niveau général des prix ; pendant la période de crise, on se réserve des disponibilités aussi grandes que possibles, en raison de la contraction du crédit et l'on conserve plus de billets de banque pour faire face aux payements de ses anciennes dettes, etc. Cependant, au fur et à mesure que la circulation diminue, c'est-à-dire à partir du troisième trimestre 1921, on voit s'abaisser le niveau général des prix et cette période de baisse continuera jusqu'au mois de mars 1922, où la circulation s'élèvera à son minimum de 35.281 millions, chiffre analogue à celui du 7 août 1919. On remarquera, en outre, que le nombre indice des prix du troisième trimestre 1921, c'est-à-dire 322, est à peu près le même que celui du mois de mai 1922, soit 323. La situation étant revenue plus normale, la courbe des prix et celle de la circulation accusent les mêmes tendances.

A partir du mois de juillet 1922, s'ouvre une nouvelle période de hausse que nous croyons devoir relever, cette fois, d'après les indices mensuels de la *Statistique Générale de la France* :

Juillet	1922......	332
Août	—	338
Septembre	—	336
Octobre	—	344
Novembre	—	359
Décembre	—	370
Janvier	1923......	395
Février	—	431
Mars	—	433
Avril	—	423
Mai	—	415
Juin	—	417
Juillet	—	415
Août	—	421
Septembre	—	433
Octobre	—	429
Novembre	—	452
Décembre	—	468

Pendant la même période, la circulation a suivi également une marche ascendante : du minimum de 35.789 millions le 23 novembre 1922, elle atteint son maximum de 38.529 millions le 4 octobre 1923. Mais cet accroissement nous paraît avoir été, en grande partie, provoqué par les exportations de billets qui se sont produites en Rhénanie et, notamment, dans la Sarre et la Ruhr, depuis le renforcement de notre occupation militaire et surtout depuis l'avilissement continu de la monnaie allemande. Lorsque la valeur d'une monnaie nationale tombe à presque rien, il est, en effet, naturel que les habitants de la frontière se servent d'une monnaie étrangère. Les rhénans ont donc largement employé, pour leurs transactions, et même avant 1923, les monnaies belges, françaises, hollandaises et suisses. La circulation fiduciaire de la Banque de France devait, par ce seul fait, augmenter.

La baisse du change et la hausse des prix.

La hausse des prix doit, par suite, s'expliquer par une autre cause, celle de la baisse extérieure du franc — sans parler, ce qui va de soi, de l'augmentation des impôts. Au mois d'avril 1922, la livre sterling atteignait son cours le plus bas de 47,39 et le dollar 10,175, tandis que, au mois de novembre suivant, la livre montait à 71,81 et le dollar à 16,06. Aux mois de novembre et décembre 1923, les plus hauts cours de la livre ont atteint 86 francs et ceux du dollar 20 francs et cette hausse s'est poursuivie en janvier 1924. Comment de pareils mouvements de hausse des changes étrangers n'auraient-ils pas exercé en France une action sur le niveau général des prix ? Il est évident que cette hausse du change entraîne la hausse de tous les produits importés et que le prix de revient de la production nationale, tributaire des matières premières qu'elle importe, accentue cette hausse.

Enfin la baisse du franc ne permettant plus de stabiliser les prix intérieurs, la production et le commerce sont entraînés à se réserver une marge de bénéfices plus large, non seulement en raison des impôts qu'ils payent, mais des fluctuations nouvelles qui peuvent se produire et provoquer des mouvements plus ou moins accentués du niveau général des prix. Si ce niveau baisse, ils perdront de l'argent, et s'il monte, ils en gagneront sans doute davantage. Mais ils chercheront, ce qui est naturel, à se protéger contre les risques, en augmentant le plus possible les prix des marchandises qu'ils vendent. Or, ils peuvent le faire d'autant plus aisément que la concurrence ne s'exerce plus de la même manière : l'accroissement des exportations, conséquence de la dépréciation du franc, raréfie, comme nous l'avons déjà expliqué, les marchandises sur le marché intérieur.

Aux causes générales de hausse des prix provenant de l'accroissement des moyens de paiement, il faut donc ajouter la hausse des changes étrangers et l'augmentation de l'exportation qui en résulte. Ces diverses causes de hausse s'enchevêtrent les unes dans les autres à un tel point qu'il est parfois difficile de les déterminer. Elles réagissent en effet les unes sur les autres, et il faut une assez longue réflexion pour s'en rendre compte.

Les remèdes contre la hausse.

Les remèdes contre la hausse des prix et des changes sont, par contre, parfaitement connus. Ainsi que nous venons de le constater, la hausse des prix se manifeste dès que l'inflation fiduciaire se produit. Mais suffira-t-il de réduire cette inflation pour provoquer une baisse immédiate ? Malheureusement non, si notre monnaie n'en continue pas moins à être sousestimée à l'extérieur, c'est-à-dire si notre change continue à baisser. Et, pour que ce change se stabilise, il faut que les vendeurs de monnaies étrangères soient pleinement rassurés contre une nouvelle dépréciation de notre devise résultant d'une nouvelle inflation.

Sans doute, au fur et à mesure que s'accroissent nos exportations, notre change devrait se relever, puisque les étrangers doivent acheter du franc et, par conséquent, le faire hausser. Mais, ainsi que nous l'avons déjà rappelé, les importateurs étrangers n'ont pas besoin d'acheter des francs pour payer nos marchandises : les soldes créditeurs qui figurent au passif des banques parisiennes dans les comptes étrangers, et qui se sont si largement accrus de 1919 à 1920, leur permettent d'effectuer leurs réglements sans avoir besoin de s'adresser au marché du change. Ils n'achètent pas de francs, parce qu'ils en ont, Et si, d'autre part, les étrangers vendent les francs qu'ils possèdent pour acheter d'autres monnaies étrangères, il s'en suivra une baisse encore plus accentuée.

Connaissant les raisons qui font baisser notre change et dont la principale est la crainte des vendeurs de monnaies étrangères de voir s'avilir la nôtre par une nouvelle inflation, il suffirait sans aucun doute de les rassurer contre cette fâcheuse éventualité en assurant l'équilibre de notre bugdet. C'est seulement par cet équilibre entre les recettes et les dépenses de l'Etat que seront écartées les menaces d'inflation nouvelle, ce qui revient à dire que la stabilité du change ne sera garantie et la hausse des prix enrayée qu'à partir du jour où notre situation financière, désormais assainie, n'inspirera plus au dehors les inquiétudes d'aujourd'hui.

Nous n'en sommes pas arrivés, loin de là, à cet équilibre. Mais il dépend des pouvoirs publics d'abréger le délai nécessaire à son établissement définitif. En réduisant les dépenses sans diminuer les recettes budgétaires, ils peuvent augmenter peu à peu la confiance des étrangers dans notre état financier et la rendre inébranlable le jour où l'équilibre du budget sera rétabli. De quelque côté qu'on envisage le problème financier, le problème monétaire et le problème du change, on aboutit à la même conclusion : défendre la caisse du Trésor avec courage, favoriser l'épargne du pays en lui donnant l'exemple des économies, travailler et produire davantage, afin d'accroître nos richesses. Ces divers problèmes offrent le même caractère d'ordre moral : ils ne peuvent se résoudre que par les efforts communs du gouvernement et des citoyens à travailler et à épargner le plus possible.

Le commerce extérieur et le change.

Quelle va être maintenant l'influence du change sur le commerce extérieur ? Examinons d'abord les faits. Dressons le tableau trimestriel de notre commerce extérieur depuis le 1er janvier 1919, en y ajoutant en regard le cours moyen du change sur New York pendant la même période :

Périodes	Importations	Exportations	Cours moyen du dollar à Paris
		En millions de francs	
1er trimestre 1919	7.408,3	1.665,5	5,765
2e — —	8.705,1	2.101,6	6,25
3e — —	8.453,9	2.937,0	7,81
4e — —	11.231,8	5.175,3	10,18
Totaux......	35.799,1	11.879,4	
1er trimestre 1920	13.257,5	5.497,1	12,875
2e — —	13.289,3	6.759,1	14,355
3e — —	11.758,9	7.391,6	13,605
4e — —	11.599,2	7.247,1	16,172
Totaux.......	49.904,9	26.894,9	
1er trimestre 1921	5.896,0	5.023,5	15,27
2e — —	4.799,0	5.006,8	12,82
3e — —	4.930,2	4.785,7	13,405
4e — —	6.442,7	4.956,4	13,41
Totaux.........	22.067,9	19.772,4	
1er trimestre 1922 (1)	5.266,6	4.880,2	11,72
2e — —	5.404,9	5.226,9	11,387
3e — —	5.848,6	4.111,9	12,54
4e — —	7.380,5	6.422,9	14,58
Totaux........	23.900,6	20.641,9	
1er trimestre 1923 (1)	6.974,0	6.499,1	15,22
2e — —	7.715,4	7.662,3	15,56
3e — —	7.862,2	7.401,2	17
4e — —	10.092,9	8.868,8	18,193
Totaux........	32.644,5	30.431,4	

(1) Chiffres provisoires.

Pendant la période 1919-1920, notre change n'a cessé de baisser, ce qui ne nous a pas empêchés d'importer des marchandises évaluées à 35.799 millions en 1919 et 49.905 millions en 1920. Mais pendant la première période de 1919, nous avions encore aux Etats-Unis et en Angleterre des crédits qui nous permettaient d'obtenir du change dans les conditions les plus avantageuses. D'autre part, la spéculation s'exerçait dans un sens favorable à notre monnaie ; elle jouait à la hausse du franc et nous fournissait encore à bon compte les dollars et les livres dont nous avions besoin pour payer nos importations (1).

En 1920, ces importations prennent une telle ampleur — elles s'élèvent à 49.905 millions — qu'il devient de plus en plus difficile et plus coûteux de nous procurer les monnaies étrangères nécessaires à nos payements extérieurs, alors surtout que nos crédits aux Etats-Unis et en Angleterre sont épuisés. Il est donc normal qu'une hausse de la monnaie étrangère s'accuse et que la baisse du franc s'accentue. Mais la spéculation nous vend alors ses livres et ses dollars beaucoup plus cher que ne l'exigerait la dépréciation intérieure du franc ; si les prix ont considérablement haussé chez nous, ils n'ont également cessé de monter au dehors ; les monnaies américaine et anglaise se sont également dépréciées.

Les effets de la sousestimation du franc.

Lorsque notre franc devient sousestimé par la spéculation étrangère, c'est-à-dire lorsqu'il possède un pouvoir d'achat plus grand à l'intérieur qu'à l'extérieur, nos importations vont commencer à se ralentir et nos exportations à s'accroître. C'est, en effet, ce qui va se produire au cours des deux derniers trimestres de 1920.

----

(1) Cet accroissement prodigieux des importations en 1919 et 1920 a été l'une des causes profondes de la chute ultérieure du franc, puisqu'il avait pour effet d'augmenter les dépôts étrangers dans nos banques. On aurait dû le prévoir et limiter les importations, comme on l'avait fait pendant la guerre.

En 1922, la hausse du franc s'accentue pendant les trois premiers trimestres et les cours se rapprochent de la parité du pouvoir d'achat (1). Mais à partir du quatrième trimestre 1922, la sousestimation du franc s'accuse de plus en plus et l'on voit, par suite, s'accroître nos exportations.

La surestimation ou la sousestimation du franc exerce, en effet, une influence prépondérante sur notre commerce extérieur. Supposons, en effet, que le dollar soit coté 15 francs à Paris et que le niveau général des prix se soit élevé en France de 300 %, alors qu'il n'a haussé que de 100 %, aux Etats-Unis. Pour acheter en France une marchandise estimée 4.000 francs (au lieu de 1.000 francs avant la

---

(1) La théorie du change, basée sur la parité du pouvoir d'achat, a été développée par M. Gustav Cassel, professeur d'Economie politique et de Finances à l'Université de Stockholm, dans son livre sur *La Monnaie et le Change depuis 1914*, dont nous avons publié la traduction chez Marcel Giard (Paris 1923). Pour savoir si la monnaie française est surestimée ou sousestimée par rapport au dollar, il faut, en prenant pour base le pouvoir d'achat des deux monnaies au cours de 1914, exprimé par le nombre 100, chercher le quotient de ce même pouvoir d'achat respectif à la date envisagée.

Pendant le 4e trimestre 1922, la *Statistique générale de la France* fixait au nombre indice 337 le niveau général des prix de gros, qui était alors de 160 en Amérique. Le quotient de ces deux nombres indices (100 pris comme base en 1914) était, par suite de $337 : 160 = 2,10$, ce qui veut dire que les prix étaient deux fois plus élevés en France qu'aux Etats-Unis. Le cours normal du dollar aurait dû s'établir, par conséquent, au pair d'avant-guerre : 5,18, multiplié par le quotient 2,10, soit $5,18 \times 2,10 = 10,88$.

Le cours moyen du dollar était alors à Paris de 14.58, soit de 3,70 points trop haut par rapport au cours normal ; le dollar était donc surestimé, et le franc, sousestimé dans des proportions considérables. Il devait en résulter un accroissement des exportations françaises qui s'est en effet produit.

Il va de soi que ces évaluations théoriques ne peuvent être considérées que comme une simple indication en ce qui touche les marchandises exportées. On ne tient pas compte, en effet, ce qui serait impossible, des prix de transport et des tarifs de douanes et, d'autre part, les nombres indices des prix en France et ailleurs ne peuvent pas être établis avec une rigoureuse exactitude ; ils ne constituent qu'une tendance.

guerre),un Américain aura à débourser 266,6 dollars, Même
si cette marchandise identique valant 133,6 dollars avant
la guerre vaut le double, c'est-à-dire 266,6 dollars. l'Américain aura évidemment intérêt à ne pas l'acheter en
France, puisqu'il la payerait le même prix augmenté des
frais de transport et des droits de douane. Par contre,
si le dollar monte à 17 francs, sans que le niveau général
des prix se soit élevé dans les deux pays, l'Américain
n'aura plus à débourser que 235,2 dollars pour acheter
une marchandise française de 4.000 francs et il aura
avantage à l'importer au lieu de l'acheter dans son pays.

Supposons, par contre, que le cours du dollar soit de
5,45 (comme au cours du premier trimestre 1919) et que
le niveau général des prix accuse en France une augmentation de 250 %, alors qu'il ne s'est élevé que de 95 %
aux Etats-Unis ; il va en résulter que l'importateur français pourra acheter au prix de 195 dollars, soit 1.057 francs
(en chiffres ronds) une même marchandise qui lui coûterait 3.500 francs chez lui. Il n'hésitera donc pas à importer
toutes les marchandises américaines qu'il pourra se faire
livrer.

On sait que les cours du change étaient faussés en 1919
par les disponibilités en dollars et en livres que nous pos-
sédions grâce au reliquat des crédits qui nous avaient été
consentis par les Trésoreries américaine et anglaise.

Notre devise ne cesse de baisser lorsque ces crédits sont
épuisés : dès la fin de décembre 1919, le dollar atteint son
plus haut cours de 11,885 et la livre, 45,15. En 1920 et le
premier trimestre de 1921, les cours monteront encore :
la livre atteindra son maximum de 52,34 et le dollar 17,18.
La prime à l'importation n'existera plus ; mais comme nos
besoins de matières premières, de vivres, etc, resteront
considérables et que, d'autre part, l'accroissement de
notre circulation fiduciaire permettra de payer des prix
élevés, les importations continueront à augmenter considérablement jusqu'à la fin de 1920 pour diminuer ensuite
de plus de moitié à partir de 1921.

Notre franc commence du reste à se déprécier un peu

plus qu'il ne devrait l'être par rapport à son pouvoir intérieur d'achat. Il n'y a donc plus de prime à l'importation, mais une légère prime à l'exportation qui s'accroîtra largement au fur et à mesure que la spéculation étrangère fera monter les cours de sa monnaie, c'est-à-dire, baisser les cours du franc. Déjà, en 1921, notre balance commerciale ne se solde plus que par un déficit de 2.295 millions, au lieu de 23 milliards en 1920. En 1922, nos exportations s'augmenteront de nouveau, pour passer à 23.900 millions et, en 1923, à 30.431,5 millions.

La spéculation à la baisse exagérée du franc, qui s'exerce sur les marchés internationaux, a donc eu pour effet certain d'accroître nos exportations, ce qui ne veut pas dire, loin de là, qu'elle constitue un avantage. Elle crée, au contraire, un trouble profond dans toutes les relations commerciales, aussi bien à l'intérieur qu'à l'extérieur. S'il est vrai que l'Angleterre en souffre aujourd'hui beaucoup plus que nous, il n'en est pas moins évident que nous en pâtissons nous-mêmes. L'instabilité incessante des cours du change suscite des changements constants du niveau général des prix ; elle est nuisible aux producteurs qui ne peuvent plus se rendre un compte exact de leur prix de revient ; elle est fatale aux consommateurs que la hausse des prix des marchandises importées met à la merci des intermédiaires.

On ne peut songer à rétablir une certaine stabilité par des entraves à la liberté du marché des changes qui ne pourraient atteindre, d'ailleurs, cela va de soi, les marchés étrangers. D'autres expédients déjà appliqués, tels que l'interdiction de l'exportation des capitaux, n'ont certes pas l'influence qu'on leur suppose. Les soldes étrangers dans les banques parisiennes ne sont pas soumis à cette réglementation et ce sont ceux-là qui, précisément, exercent l'action la plus directe sur les cours du change. Empêcher l'exportation des capitaux français, c'est mettre un obstacle à leur rapatriement ; ce qu'il faudrait faire, au contraire, ce serait la faciliter, d'une part, en ne menaçant pas le capital français de représailles et, de l'autre, en provoquant une amélioration des cours du change par des moyens vraiment sérieux, c'est-à-dire par l'équilibre du budget. Le jour où, en effet, aucune menace d'inflation nouvelle ne favorisera plus la spéculation étrangère à la baisse du franc ; le jour où l'on se décidera à réduire les dépenses publiques par de larges économies budgétaires et où l'on réussira ainsi à diminuer les emprunts, la spéculation cessera de jouer à la baisse pour jouer à la hausse du franc. Encore une fois c'est la menace d'inflation qui pèse sur les cours du franc : elle ne disparaîtra complètement que lorsque notre situation financière se sera assainie et que notre dette flottante aura pu être peu à peu consolidée et largement diminuée. La politique financière qui sera suivie dans l'avenir décidera de la hausse ou de la baisse de notre devise, et, par conséquent, de la hausse ou de la baisse des prix.

Le marché des valeurs mobilières.

L'influence du change s'exerce sur le marché des valeurs mobilières avec beaucoup plus de rapidité encore que sur le commerce extérieur. Les premiers cours du change sont à peine connus que l'on voit monter ou baisser à la Bourse les cours des valeurs mobilières. Lorsque la livre et le dollar sont en hausse, il est normal en effet que s'élèvent les cours des valeurs dont les coupons sont payés en monnaies étrangères. Il en est de même des valeurs émises par des sociétés anonymes, telles que le Suez, dont les recettes s'effectuent en monnaies étrangères, qui s'expriment en francs dans les bilans et sont susceptibles de plus-values au moins apparentes dès que se produit une baisse de la valeur extérieure du franc.

Pour des raisons de même nature, les valeurs à revenu fixe ont une tendance naturelle à baisser lorsque le change nous devient défavorable : dans ce cas, en effet, les porteurs ne touchent plus leurs intérêts qu'en monnaie dépréciée et, par conséquent, d'une valeur moindre, bien que le montant nominal des coupons reste identique.

Enfin, si l'Etat émet directement ou indirectement des emprunts à jet continu et s'il est obligé, par la concurrence des autres émetteurs, d'en accroître le taux d'intérêt, il est évident qu'il provoque par cela même la baisse des anciennes valeurs d'un rendement moindre, y compris les siennes, et qu'il est obligé, par la suite, d'emprunter à un taux d'intérêt supérieur.

Telles sont les règles générales qui déterminent les fluctuations de la Bourse. Elles exercent une influence profonde sur les ordres d'achat ou de vente qui font, dans tous les marchés, monter ou baisser les cours d'après la loi de l'offre et de la demande. Il est possible que certains donneurs d'ordre puissent ainsi s'enrichir au détriment des autres—pour que les uns gagnent, il faut nécessairement que d'autres perdent —, mais il est non moins certain que l'épargne réelle, celle qui achète des titres pour les garder en portefeuille, voit diminuer son capital lorsque les cours fléchissent et que l'intérêt de ses coupons est moindre, lorsque la valeur de la monnaie s'affaiblit. La baisse du change est donc une calamité pour la petite épargne française : elle a perdu de ce chef, depuis la guerre et surtout depuis l'armistice, des sommes considérables. Et ces pertes sont d'autant plus fortes que, au lieu d'être payés en francs-or, comme avant la guerre, les coupons ne sont plus payés qu'en francs-papier plus ou moins dépréciés.

Pour se rendre compte de l'influence du change sur les cours de la Bourse, on peut dresser un tableau des cours des diverses valeurs en 1919, — où le change, assez bas au début de l'année, s'est ensuite élevé jusqu'à la fin de décembre —, en mettant en regard les cours de 1922 où le change a commencé à monter, en avril, et ceux de 1923 où la hausse s'est poursuivie sans arrêt.

(Voir notre tableau à la page suivante)

	1919		1922		1923	
	Plus haut	Plus bas	Plus haut	Plus bas	Plus haut	Plus bas
Rente 3 %	76,60	69,50	75,45	67,50	59,15	51
Banque de France	6.000	5.375	6.050	5.500	7.900	5.920
Crédit Lyonnais	1.575	1.230	1.500	1.308	1.726	1.466
Suez	7.000	5.160	7.640	5.430	9.990	7.040
P. L. M. (actions)	955	680	970	795	1.200	969
Nord (actions)	1.345	900	1.335	900	1.492	1.320
Cte G^{le} des Eaux	1.615	1.145	1.000	697	1.259	936
Cte Parisienne Electricité	485	342	742	302	1.530	975
Argentin 4 % 1896	105 50	88,25	195,50	126,10	247	192,05
Brésil 4 % 1889	86	63,85	115,50	97,75	157	119
Egypte 3 ½ %	102	81,50	169,75	107,50	224	150,75
Espagne Ext^{re} 4 %	195	94,15	207,50	139,70	228	182,25
Italie 3 ½ %	78	62	55,25	41	47,50	36
Japon 4 % 1910	104	79,75	209,50	128,10	327	226
Suédois 3 ½ % 1895	137	96,50	265,50	189	315,60	274,75
Suisse 3 ½ % 1899	130	81	228,80	159,05	263	225
Banque ottomane	649	528	769	635	832	712
Crédit Foncier Egyptien	1.250	890	2.189	1.270	2.140	1.438
Nord-Espagne	505	370	761	506	905	668
Rio-Tinto	1.925	1.601	2.148	1.198	3.020	2.105
Azote Norvégienne	805	520	542	346	785	452
Sucrerie d'Egpyte ord^{re}	748	393	660	403	1.600	515
Tabacs ottomans	625	435	438	320	405	326

CHANGES

	1919		1922		1923	
Londres	45,15	25,975	71,815	47,39	86,735	64,295
New York	11,885	5,45	16,06	10,715	19,965	13,755
Espagne	2,457	1,092	2,45	1,665	2,595	2,18
Hollande	4,595	2,225	6,34	4,07	7,567	5,46
Suisse	2,375	1,105	2,895	2,87	3,495	2,62

La hausse des valeurs mobilières étrangères s'accroit, on le voit, au fur et à mesure que s'accuse la hausse des monnaies étrangères, c'est-à-dire la baisse du franc.

Par contre, les bonnes valeurs à revenu fixe, qui ont toujours eu la préférence de la petite et de la moyenne épargne françaises, ont subi des fléchissements importants. Ajoutons en effet quelques chiffres au tableau ci-dessus.

La rente française 3 %, dont le marché est toujours resté libre, a été cotée de la manière que voici depuis 1913 :

	Plus haut	Plus bas
1913............	90,80	83,45
1914............	88,50	70,25
1915............	73,80	63,75
1916............	64,60	60,35
1917............	62,75	58,50
1918............	64,20	56,75
1919............	65,10	59,40
1920............	60,15	53,
1921............	59,50	53,65
1922............	64,15	54,05
1923............	59,15	51,00

Les obligations de la Ville de Paris ont subi des fluctuations non moins fâcheuses de même que les obligations de chemins de fer dont voici les cours moyens cotés depuis 1913 sur les obligations 3 % anciennes :

	Est	Nord	Orléans
1913......	412	411	410
1914......	411	408	411
1915......	363	357	378
1916......	342	346	363
1917......	342	337	359
1918......	366	334	369
1919......	353	328	350
1920......	315	309	310
1921......	306	295	300
1922......	325	315	324
1923......	314	324	317

Comment s'étonner que les cours des obligations françaises fléchissent à partir du moment où l'Etat emprunte d'abord à 5, puis à 6 et bien au-dessus encore en 1923 ? Qu'il cesse d'emprunter, et les cours de ses propres valeurs, de même que ceux de toutes les valeurs à revenu fixe, ne tarderont pas à monter de plus en plus.

Il était, d'autre part, bien naturel que les capitalistes se soient portés de préférence, pendant cette période de fluctuations infinies, sur les valeurs à revenu variable et dont les coupons étaient susceptibles de s'accroître, telles que les actions des Sociétés métallurgiques et minières, le Suez, etc., et, d'une façon générale, sur les valeurs à change. Mais qu'une amélioration des cours du franc se produise, — et elle serait certaine si l'on pratiquait une politique financière d'économie et d'assainissement monétaire, — et l'on verrait se dessiner un mouvement en sens contraire : les valeurs à change baisseraient et les valeurs à revenu fixe monteraient.

La petite épargne est intéressée au plus haut degré à ce revirement. Elle verra ses revenus augmenter au fur et à mesure que le change s'améliorera, et nous savons déjà que la condition essentielle de cette amélioration est un arrêt définitif de l'inflation fiduciaire. Si l'on veut suivre une politique financière vraiment démocratique, c'est vers ce but qu'il faut se diriger. L'accroissement des avances de la Banque de France à l'Etat serait un coup fatal porté à la petite épargne. Le recours à la planche à billets a ruiné tous les petits et moyens épargnants de la Russie, de l'Autriche et de l'Allemagne. Tous les créanciers, y compris ceux de l'Etat, ont perdu leur fortune et ont été réduits à la misère. Quelques spéculateurs se sont, il est vrai, enrichis en jouant à la baisse du change et à la hausse des prix : on voudra bien reconnaître qu'ils sont moins intéressants que les petits épargnants si nombreux dans notre pays.

Enfin, tous les débiteurs ont gagné des sommes considérables en remboursant en monnaie avilie des dettes contractées en monnaie plus saine. C'est une immoralité flagrante et de nature à susciter des divisions sociales de la plus haute gravité.

Régler exclusivement la circulation d'après les besoins de la production et empêcher par cela même la baisse de la monnaie nationale, telle est la politique monétaire à poursuivre, si l'on veut éviter, avec le fléau de l'inflation, des bouleversements économiques et sociaux, pour ne pas dire des révolutions.

L'influence de la circulation et du change sur le budget de l'État.

Sous un régime de dépréciation monétaire continue, de baisse du change et de hausse des prix, il est impossible de prévoir d'avance quelles seront les dépenses et les recettes de l'Etat. Sans doute, les recettes pourront s'accroître, si la hausse des prix s'accentue, mais dans quelles proportions s'augmenteront les dépenses publiques ?

L'influence de la hausse des prix sur les recettes, ou tout au moins sur la majeure partie des recettes, n'est pas contestable. Elle s'exerce, évidemment, en matière d'impôts sur le chiffre d'affaires, qui sera plus élevé (nominalement) lorsque les prix monteront, sur l'enregistrement, sur tous les impôts directs, etc. Un tableau comparatif des recettes budgétaires normales, en 1922 et en 1923, va le démontrer.

Recettes budgétaires.

	En millions de francs		
	1922	1923	Augmentation
Janvier	1.644,0	1.887,2	+ 243,2
Février	1.348,7	1.432,1	+ 83,4
Mars	1.444,2	1.640,1	+ 195,9
Avril	1.587,1	1.822,4	+ 235,3
Mai	1.373,3	1.473,1	+ 99,8
Juin	1.387,0	1.588,2	+ 201,2
Juillet	1.656,5	1.919,0	+ 262,5
Août	1.317,1	1.522,4	+ 205,3
Septembre	1.313,8	1.676,9	+ 363,1
Octobre	1.816,9	2.331,6	+ 514,7
Novembre	1.601,2	1.969,7	+ 368,5
Décembre	1.893,2	2.120,5	+ 227,3

Ce tableau est saisissant. Les accroissements de recettes qu'il accuse en 1923 par rapport à 1922 peuvent avoir été causés par une certaine amélioration dans la perception des impôts. Mais si des progrès réels ont été réalisés de ce chef par les régies financières, on ne saurait cependant admettre qu'ils aient eu pour effet d'augmenter les recettes budgétaires dans de telles proportions. La vérité est que les impôts anciens et nouveaux ont donné des plus-values en 1923 parce que la hausse des prix s'est accentuée par suite de la hausse du change étranger.

Il est possible que ces plus-values permettent de combler le déficit du budget ordinaire de 1923. On ne pouvait guère les prévoir lorsqu'on a vainement tenté de réaliser l'équilibre de ce budget, soit par des centimes additionnels, soit par des loteries, soit par l'institution du carnet de coupons, etc. La hausse des prix a suffi pour assurer des recettes plus abondantes et réaliser un équilibre momentané.

Mais cet équilibre ne pourrait évidemment pas être maintenu, si la hausse des prix et la baisse du franc continuaient à s'accentuer. Sans doute le gouvernement s'est énergiquement opposé, trop tardivement d'ailleurs, à toute augmentation de dépenses et il s'est décidé avec courage à faire ajourner la discussion de tous les projets de loi ayant pour objet de provoquer des accroissements de crédits. Serait-il toutefois possible de ne pas augmenter les traitements des fonctionnaires et les pensions, si le niveau général des prix poursuivait son ascension et si la cherté de la vie ne permettait plus à ses agents de se nourrir ? L'Etat ne serait-il pas obligé de dépenser davantage non seulement pour les services, mais pour les marchandises dont il a besoin ?

L'équilibre du budget ne peut s'établir à titre définitif que par des compressions de dépenses et des augmentations de recettes correspondant à une augmentation de la production et non à une hausse exagérée ou éphémère des prix. Il ne peut s'établir solidement qu'à la condition que la stabilité du régime monétaire et du change soit assurée. Si, par un coup de force, l'Etat avait recours aux procédés d'inflation qui ont été employés en Allemagne, il subirait les mêmes désastres que le gouvernement du Reich. Il poursuivrait vainement une politique d'équilibre, à partir du jour où l'accroissement de la circulation fiduciaire affaiblirait sans cesse la valeur de la monnaie légale. Les dépenses nouvelles auxquelles il serait obligé de se livrer conduiraient à une nouvelle inflation qui serait sans fin et sans remède. Stabiliser les cours du change, en faisant disparaître la crainte de l'inflation, est donc le meilleur moyen d'aboutir à l'équilibre du budget.

L'expérience des dernières années démontre qu'il n'en existe point d'autre. L'Autriche et la Tchéco-Slovaquie l'ont employé avec succès. L'Allemagne est contrainte de suivre le même exemple. Le sabotage de sa monnaie l'avait poussée au sabotage de ses finances. Pour éviter une catastrophe irrémédiable, elle est contrainte de changer de politique monétaire et elle devra se soumettre au contrôle de ceux qui l'aideront à sortir du gâchis. Elle n'avait pas compris qu'elle ruinerait toute son économie nationale en se livrant à une débauche de fausse monnaie. L'Angleterre elle-même le lui avait prédit : on ne peut que s'étonner, il est vrai, que cette grande puissance ne lui ait pas donné de meilleurs conseils et qu'elle ait contribué, par ses hésitations, à prolonger la crise qu'elle avait cependant prévue.

CHAPITRE III

L'offensive contre le franc.

*Les cours du change en janvier 1924. — Les embarras de
la Trésorerie et le bilan de la Banque de France. — Les
véritables causes de la baisse du franc. — Le Traité de
Versailles. — Les remèdes : l'équilibre du budget, la
clarté des comptes publics, le réglement du problème des
réparations.*

Ainsi que nous l'avons rappelé plus haut, la baisse du
franc a commencé à se faire sentir au cours de l'été 1922
et, depuis, elle s'est poursuivie presque sans arrêt. A
partir du mois de novembre 1923, elle s'est fortement
accentuée ; de 71,11 fin octobre, la livre a dépassé le
cours de 86 francs en décembre et le dollar est monté de
16,96 à 20 francs. En janvier 1924, la hausse des monnaies
étrangères a pris une allure vertigineuse et le marché des
changes a été en proie à une véritable panique.

Voici, en effet, les cours moyens de la livre et du dollar cotés à la Bourse de Paris au mois de janvier 1924 :

Dates	Londres	New York
2 janvier 1924..	85,645	19,92
3 — ..	87,295	20,535
4 — ..	88,225	20,57
5 — ..	88,325	20,58
7 — ..	85,495	19,88
8 — ..	88,05	20,555
9 — ..	87,62	20,41
10 — ..	87,795	20,445
11 — ..	89,32	20,85
12 — ..	90,46	21,19
14 — ..	96,11	22,80
15 — ..	94,815	22,345
16 — ..	90,90	21,34
17 — ..	90,575	21,245
18 — ..	92,95	21,995
19 — ..	92,70	21,895
21 — ..	94,71	22,49

22 janvier 1924..	93,325	22,115
23 — ..	93,935	22,17
24 — ..	94,475	22,385
25 — ..	93,535	22,13
26 — ..	94,32	22,31
28 — ..	92,70	21,83
29 — ..	92,20	21,60
30 — ..	93,35	21,95
31 — ..	92,48	21,66

La journée du 14 janvier a été, on le voit, des plus agitées au marché des changes. Le cours moyen de 96 francs pour la livre et de 22 fr. 80 pour le dollar a été, à certaines heures, largement dépassé. Le gouvernement s'est hâté de déposer plusieurs projets de loi qui n'offraient pas tous la même portée. Que ne s'était-il borné à réclamer, quelques mois plus tôt, l'ajournement de toute dépense nouvelle, une augmentation des impôts et le droit de réaliser, par voie de simples décrets, de fortes économies ? Il aurait ainsi évité le reproche d'imprévoyance et l'inconvénient de prolonger la discussion du nombre considérable des articles de ses divers projets de loi. Il fallait agir promptement et ne pas compliquer la tâche du Parlement. Il fallait répondre par des actes immédiats aux attaques dont notre situation financière était l'objet à l'étranger et repousser par des mesures énergiques l'offensive dirigée contre le franc.

Les embarras de notre Trésorerie étaient d'ailleurs évidents. On pouvait s'en rendre compte en lisant les bilans de la Banque de France. Le poste des avances à l'Etat, dont le maximum était fixé à 24 milliards depuis le 1er janvier 1923, accusait une augmentation inquiétante. Il s'était élevé à 23.900 millions le 5 juillet, à la même somme le 6 septembre et le 4 octobre 1923. On avait dû, alors, contracter un emprunt en Bons du Trésor 6 % dont le taux réel d'intérêt dépassait 7 %. Des avertissements très nets avaient été donnés, par des personnalités autorisées au chef de l'Etat et au Président du Conseil : il fallait, disaient-elles, suivre sans délai une politique financière nouvelle, comprimer largement les dépenses publiques et, au besoin, accroître les impôts.

Non seulement on ne l'avait pas fait, mais on avait fait tout le contraire. Dès l'ouverture de la session extraordinaire, le Parlement ne discutait que des projets ayant pour but soit d'augmenter les dépenses, soit de diminuer les recettes : indemnités de vie chère, pensions civiles et militaires, assurances sociales, allègement des impôts cédulaires sur les bénéfices commerciaux et industriels,etc. Bien que la situation financière fût loin de s'améliorer, on ne faisait entendre, au Palais Bourbon comme au Sénat, que des déclarations réconfortantes. Les rapporteurs généraux du budget, de même que le ministre des Finances, proclamaient bien haut que les recettes du Trésor ne cessaient de s'accroître et que notre commerce extérieur se développait sans arrêt. Or, nous l'avons expliqué plus haut, ces deux phénomènes résultaient surtout de la baisse continue du franc qui provoquait à son tour un fléchissement des cours de toutes les valeurs du Trésor.

Les déclarations officielles se trouvaient contredites, comme nous venons de le rappeler, par le bilan de la Banque de France. Le poste des avances à l'Etat s'élevait à un total qui ne permettait guère d'espérer un remboursement de deux milliards à la fin de l'année. Le bruit se répandait à la Bourse que, non seulement le Trésor ne ferait aucun remboursement à la Banque, mais qu'il lui réclamerait des avances nouvelles. Plusieurs journaux s'étant fait l'écho de cette information inexacte, le ministère des Finances se décida à la démentir. Mais il n'en était pas moins vrai que, au lieu de rembourser les deux milliards convenus, le Trésor se bornait à une diminution de 800 millions sur ses avances et qu'il les prélevait sur le compte d'amortissement affecté au remboursement de sa dette.

Il ne faut donc pas s'étonner que la spéculation ait profité de cette situation pour accélérer la baisse du franc. La lecture du bilan de la Banque de France du 3 janvier 1924 sembla, d'ailleurs, à première vue, confirmer ses prévisions pessimistes. Ce bilan accusait un accroissement de la circulation atteignant 1.200 millions en une seule semaine et il en résultait, en outre, que le Trésor lui-même avait prélevé 600 millions sur son compte d'avances pour faire face à sa lourde échéance de la fin de décembre.

Avec plus de réflexion et moins de parti pris, on aurait pu, toutefois, s'apercevoir que ce bilan n'avait rien d'anormal. Au 31 décembre 1923, la Banque de France avait porté au crédit du Trésor l'excédent affecté à l'amortissement des avances à l'Etat et qui s'élevait, avec les intérêts, à 800 millions environ. Mais comme, d'autre part, le maximum des avances à l'Etat devait être diminué, en vertu de la convention nouvelle, de la même somme de 800 millions, il est évident que la situation ne changeait pas. Le Trésor rendait d'une main ce qu'il recevait de l'autre ; il lui était remboursé la plus large part des intérêts de 3 % qu'il payait à la Banque pour ses avances, mais cette opération se réalisait par un simple jeu d'écritures.

De même, la situation de la Trésorerie n'était pas modifiée. Elle n'avait rien eu à rembourser à la Banque de France en fin d'année, grâce au jeu du compte d'amortissement. Par contre, le Trésor empruntait, comme presque toujours en fin de mois, plusieurs centaines de millions pour effectuer ses payements. Mais il arrive, en général, que les billets qu'il réclame à la Banque de France — et qu'il peut régulièrement lui réclamer, si son compte d'avances ne dépasse pas le maximum arrêté à 23.200 millions depuis le 1er janvier 1924 — que ces billets, disons-nous, reviennent au Trésor sous forme de souscriptions à des Bons à court terme ; le compte d'avances diminue, de la sorte, de semaine en semaine, et, à l'échéance de fin de mois, le Trésor peut reprendre les billets dont il a besoin sans dépasser le maximum des avances consenties.

Si cette situation avait été mieux comprise, la panique aurait pu être moins vive au début du mois de janvier dernier. Malheureusement, le mouvement de baisse s'était déclanché avec tant de violence que l'on ne réfléchissait plus. On n'agissait que par impulsion ; comme il arrive toujours dans un marché aussi impressionnable, la baisse appelle la baisse, comme la hausse appelle la hausse. Ce n'est pas lorsque la panique éclate, qu'il faut tenter de l'enrayer : il est alors trop tard. Mais on peut l'éviter par des mesures de prévoyance prises en temps opportun.

Les véritables causes de la baisse du franc.

Les causes de la baisse si rapide du franc ne sont donc pas difficiles à comprendre. Il suffirait, d'ailleurs, pour s'en rendre compte, de lire les journaux étrangers. Notre situation financière les alarme : ils soutiennent qu'il nous sera impossible de faire face aux dépenses de reconstitution des régions libérées sans recourir à des expédients dont l'inflation sera le terme fatal. Ces commentaires pessimistes ont été malheureusement confirmés par des déclarations trop souvent renouvelées à la tribune du Parlement : nous succomberions, disait-on, sous le poids de nos charges, si l'Allemagne ne nous payait pas ce qu'elle nous doit.

Nous ferons remarquer cependant que l'épargne française a souscrit assez largement, jusqu'ici, aux emprunts directs ou indirects de notre Trésorerie pour que fût poursuivie la réparation des dommages de guerre. On peut même espérer qu'elle continuerait à y souscrire avec confiance, si elle y était encouragée par l'attitude des pouvoirs publics, par une politique nettement orientée dans le sens des compressions de dépenses.

Sans doute, notre situation financière restait difficile depuis l'armistice. Toutefois, malgré l'énormité des dépenses faites en 1919 et qui se sont poursuivies en 1920, les vendeurs de monnaies étrangères avaient alors une telle confiance dans notre vitalité qu'ils nous fournissaient à bon compte le change dont nous avions besoin pour solder nos importations d'ailleurs excessives de marchandises étrangères. A l'extérieur, comme à l'intérieur, notre victoire militaire nous avait assuré un tel prestige qu'on ne doutait pas de notre prompt relèvement. On croyait aussi, ce qui était légitime et ce qui eût été si juste, que l'Allemagne finirait bien par nous payer ce qu'elle nous devait, parce qu'elle y avait elle-même intérêt. Mais, au fur et à mesure que le temps s'écoulait, que les payements de l'Allemagne étaient différés et que nos propres dépenses s'accroissaient, la confiance diminuait, et il s'en suivait une nouvelle baisse du franc.

Rappelons que, après l'occupation de la Ruhr en janvier 1923, les prévisions de la presse étrangère ont été plus pessimistes que jamais. Cette fois, disait-on au dehors, la France marche à une catastrophe. Les moyens qu'elle emploie pour contraindre l'Allemagne à s'acquitter ne serviront qu'à ruiner son débiteur et, par conséquent, à compromettre sa créance : la chute du franc va suivre celle du mark. Il ne faut jamais oublier que la mentalité anglo-saxonne est très différente de la nôtre, qu'elle ne comprend guère d'ailleurs, et que, lorsque l'Angleterre a adopté une opinion, il est très difficile de la convaincre qu'elle se trompe. Il ne faut donc pas s'étonner qu'elle ait persisté à combattre notre politique des réparations et qu'elle ait ainsi, volontairement ou non, encouragé la résistance de l'Allemagne, c'est-à-dire prolongé la crise qu'elle voulait à tout prix conjurer dans l'intérêt de son commerce extérieur.

Après avoir joué à la hausse du mark, ce qui était absurde, et perdu de ce chef des sommes énormes, les financiers de la Cité ont joué à la baisse du franc avec le même parti pris de ne rien voir et de ne rien entendre. Le gouvernement britannique a peu d'action sur les banquiers de la Cité : ce sont eux, au contraire, qui en ont sur lui, et lui font commettre tant d'erreurs. Notre monnaie a fait l'objet, en 1923, d'une spéculation internationale d'autant plus favorable au dessein poursuivi qu'aucune contre-partie ne pouvait lui être opposée. Si nous avions eu, comme en 1919, une réserve de change nous permettant d'exercer sur les cours une action efficace, la baisse du franc aurait pu sans doute être enrayée ou tout au moins limitée. Mais ce moyen nous faisant défaut, nous étions à la merci du marché international qui précipitait les offres de francs et, par conséquent, en faisait baisser les cours.

On a parlé aussi d'un « complot » contre le franc ourdi par des étrangers et même par certains Français. Il est fort possible, en effet, que certains de nos exportateurs aient laissé en dépôt dans les banques étrangères le montant de leurs devises. Mais s'ils l'ont fait, c'est, d'une part, parce qu'on les empêche d'exporter leurs capitaux lorsqu'ils les ont rapatriés et que, de l'autre, ils tiennent à s'assurer contre les risques de la hausse des changes étrangers. Il n'est pas difficile de comprendre que, en laissant à Londres, par exemple, des livres qui sont cotées 80 francs, on pourra acheter plus tard, à meilleur marché, les marchandises anglaises dont on a besoin, si la livre atteint alors le cours de 90 francs. Qu'on rassure nos exportateurs, qu'on leur rende toute leur liberté, et ils rapatrieront leurs capitaux. Qu'on s'attaque aux causes profondes de la dépréciation du franc, et l'on fera cesser la panique.

Les clauses financières du traité de Versailles.

Il n'est nullement démontré, enfin, que la crise du change a été provoquée par notre politique extérieure. La thèse favorite de l'opposition consiste à soutenir que la baisse du franc s'est surtout accentuée à partir du moment où nous avons accupé la Ruhr, ce qui n'est pas tout à fait exact. Mais elle oublie que nous devions alors opter entre deux solutions : ou occuper la Ruhr, ou accorder à l'Allemagne un moratorium de plusieurs années. Or peut-on raisonnablement croire que ce moratorium aurait eu pour effet d'empêcher la baisse du franc ? Aurions-nous eu plus de chances de recouvrer notre créance et, par conséquent, de faire cesser la crise du change, si les versements de l'Allemagne avaient été ajournés pendant plusieurs années ?

La vérité est que les gouvernements qui se sont succédé depuis 1920 ont été victimes des lourdes fautes qui ont été commises par les auteurs du traité de Versailles. Est-il besoin de rappeler une fois de plus que les clauses financières de ce traité n'ont pas été appliquées, parce qu'elles étaient inapplicables, dépourvues de sanctions efficaces et même contraires au bon sens ? Vouloir imposer aux vaincus des payements échelonnés pendant une période de trente à quarante ans était tout à fait ridicule. Ajourner la fixation des dommages matériels et des indemnités pour les pensions militaires n'était pas beaucoup plus raisonnable. C'est tout de suite qu'il eût fallu régler la question des réparations et en assurer le payement au moyen de la saisie des droits de douane. La faillite monétaire de l'Allemagne aurait pu être évitée par un contrôle international de ses finances et de sa banque d'émission. Enfin l'état des payements du 5 mai 1921 aurait dû être suivi de mesures efficaces pour contraindre l'Allemagne à l'exécuter.

De conférences en conférences, d'ajournements en ajournements, on n'a pu aboutir à aucune solution pratique. Et lorsqu'il a fallu se résigner à occuper la Ruhr, on s'est heurté à la résistance passive de l'Allemagne, en même temps qu'à l'opposition de l'Angleterre. Au lieu de faire de prétendues avances à notre débiteur et de procéder avec largesse à la reconstitution des régions libérées, on aurait bien dû se rendre compte que l'on accumulait pour l'avenir des difficultés de plus en plus grandes. La crise du change les a fait apparaître en pleine lumière et, pour la combattre, on a dû prendre des mesures hâtives, pour ne pas dire irréfléchies et compliquées. Par cela même, on prolongeait la discussion des projets de loi qui, pour être vraiment utiles, auraient dû être votés en quelques jours.

Les remèdes.

Quand on a bien compris les causes de la crise du change, il est sans doute aisé d'en découvrir les remèdes. Le plus essentiel et le plus urgent, c'est l'arrêt des dépenses publiques, dont l'exagération fait supposer au dehors que nous ne pourrons éviter une inflation fiduciaire conduisant à la catastrophe. Il faut comprimer non seulement les dépenses du budget ordinaire, mais surtout celles du budget spécial qui n'ont été couvertes jusqu'ici que par des emprunts.

Les économies réalisées ne permettront nullement d'ailleurs d'éviter de nouveaux appels à l'épargne. C'est pourquoi il nous semblerait imprudent, pour ne pas dire davantage, de prendre des mesures d'inquisition contre les porteurs de valeurs mobilières émises par l'Etat français. Le Trésor n'a pu faire face, jusqu'ici, à ses lourds engagements que grâce à la confiance qu'il inspirait à ses souscripteurs. S'il les menace d'un contrôle qui ressemblera fort à une violation de la parole donnée — n'a-t-il pas sans cesse déclaré que les souscriptions étaient anonymes et que les titres étaient remis contre espèces sans aucune formalité —, il s'expose à semer l'alarme dans sa fidèle clientèle, déjà si éprouvée par la baisse des fonds publics et de toutes les valeurs à revenu fixe.

En ce qui touche le contrôle des opérations de change, il nous paraît sans intérêt. A quoi a-t-il servi d'obliger les banques à tenir un « répertoire » de change ? Et à quoi servirait-il d'entasser des centaines de millions de bordereaux de coupons dont on prétend imposer aux établissements de crédit la communication indiscrète ? Où trouverait-on les commis pour les classer et les comparer aux déclarations des assujettis à l'impôt général sur le revenu ?

Par contre, il serait urgent d'éclairer l'opinion publique, à l'intérieur et à l'extérieur, sur notre véritable état financier. On s'est trompé en s'imaginant qu'on pourrait lui dissimuler la vérité : en publiant des chiffres plus ou moins optimistes et plus ou moins exacts, mais souvent contradictoires, on n'a réussi qu'à l'égarer. Les spéculateurs à la baisse du franc en ont profité pour répandre les bruits les plus alarmants et les plus ridicules. Que de fois n'ont-ils pas affirmé, à la Bourse de Paris, que la Trésorerie allait être débordée par les demandes de remboursements de Bons de la Défense Nationale dont ils évaluaient la circulation tantôt à 100, tantôt même à 150 milliards. Rien n'était plus faux. Aucun remboursement inusité ne s'est produit, et le montant des Bons de la Défense Nationale en circulation ne dépassait guère 58 milliards à la fin de l'an dernier.

Quoiqu'il en soit, l'unique moyen de repousser de pareilles attaques était de publier, chaque mois, comme on le faisait naguère, la situation de la dette publique. On aurait dû s'efforcer aussi d'appliquer plus vite l'article 45 de la loi des finances du 30 avril 1921 obligeant le ministre à dresser chaque trimestre un état complet des dépenses et des recettes du Trésor et à le faire insérer dans le *Journal Officiel*. Mais, depuis bien longtemps, on n'a pas eu le courage de placer le public en face des réalités : on a mieux aimé le bercer d'illusions. La politique financière à suivre n'est pas celle de l'autruche : c'est celle de la franchise et de la netteté. La clarté des comptes publics est une condition indispensable de l'ordre et du redressement financiers.

La compression des dépenses, voilà le remède et voilà le salut. L'Etat sera d'ailleurs contraint aux économies, si la Banque de France lui refuse avec raison de nouvelles avances et si, d'autre part, l'épargne ne souscrit plus aussi largement à ses emprunts. Assainir les finances et assurer la stabilité de la monnaie, tel est le dessein à poursuivre. Il exige, de la part des citoyens et de l'Etat, de sévères restrictions. Si chacun veut vivre aussi largement qu'avant la guerre, dépenser sans compter et ne jamais réfléchir aux moyens qu'il pourra employer pour payer les dépenses engagées, il sera fort difficile de réparer les ruines du conflit déchaîné par l'Allemagne. On marchera d'expédients en expédients, d'aventures en aventures, et le hasard décidera de nos destinées.

Qu'on nous permette enfin de rappeler que le remède le plus rapide à la crise du change serait le règlement définitif et complet du problème des réparations. Cela ne dépend pas exclusivement de nous, c'est entendu. Mais un grand progrès serait déjà réalisé si nous consentions à admettre que des erreurs fatales ont été commises dans le traité de Versailles de 1919 et même dans l'état des payements du 5 mai 1921, et si nous déclarions bien haut que nous sommes prêts à les corriger dans un dessein de conciliation.

Il faut, à tout prix, aboutir à une solution pratique et qui nous sera d'ailleurs d'autant plus favorable qu'elle sera plus prompte. Il faut établir une paix définitive et complète qui permettra seule à l'Europe de se reconstituer et de vivre, d'assainir des finances, de stabiliser sa monnaie et le change extérieur. C'est le noble vœu que formait le Président de la République en recevant à l'Elysée, le 1er janvier 1924, les membres du corps diplomatique « *Il semble, disait M. A. Millerand, qu'il soit permis de saluer l'aube de la reconciliation et de la paix définitives. La France, dont le génie est si éloigné de l'esprit de haine et de discorde, les appelle de toute son âme. Elle souhaite ardemment qu'aucun incident nouveau n'en retarde l'avènement. Elle confond, dans ses aspirations, le rétablissement de l'ordre économique universel et celui de sa prospérité particulière* ». Aussi longtemps, en effet, que les relations politiques entre les peuples resteront troublées, il sera vain d'espérer que les relations économiques, si nécessaires à l'existence de tous, reprendront leur activité bienfaisante. Pour que puissent renaître la prospérité et le bien-être qui, avant la guerre, assuraient à l'humanité des destinées sans cesse meilleures, il est indispensable, comme on l'a si souvent répété, que la prodnction et l'épargne soient désormais à l'abri des incertitudes du lendemain.

TABLE DES MATIÈRES

IMPRIMERIE CHANTENAY
15, RUE DE L'ABBÉ-GRÉGOIRE
PARIS-VIe.

OUVRAGES DU MÊME AUTEUR

Nos Finances pendant la guerre (2e édition). Un volume in-16, chez Armand Colin, Paris, 1915. — *Ouvrage couronné par l'Académie des Sciences morales et politiques.*

Les Finances Britanniques. — Un volume in-8º. Librairie de la Société du Recueil Sirey, Léon Tenin, directeur, 22, rue Soufflot, Paris, 1920. — *Ouvrage couronné par l'Académie des Sciences morales et politiques.*

La vérité sur notre situation financière. — Un volume in-8º. Librairie Georges Roustan, 5, quai Voltaire, Paris, 1921.

La Monnaie et le change après 1914, traduction française de l'ouvrage du professeur Gustav Cassel, un volume in-8º chez Marcel Giard, 16, rue Soufflot, Paris, 1923.

L'œuvre de demain. — La réforme électorale ; la décentralisation ; la revision de la Constitution. Un volume in-16, chez Armand Colin, Paris, 1917.

La représentation proportionnelle en France et en Belgique. — Préface de Henri POINCARÉ (2e édition épuisée). Librairie Félix Alcan, Paris, 1911.

Tableau des élections législatives des 24 Avril et 8 Mai 1910 suivi d'une application de la R. P. (En collaboration avec P.-G La Chesnais). Librairie Roustan, Paris, 1910.

Les élections législatives des 26 Avril et 10 Mai 1914. Résultats officiels avec application de la R. P. régionale et de la R. P. départementale. Librairie Georges Roustan, Paris, 1914.

Élections législatives du 16 Novembre 1919. — Résultats officiels avec application de la R. P. départementale. Librairie Georges Roustan, Paris, 1920.